Impressum
Verlag: BABADADA GmbH, Nedderfeld 112 , 22529 Hamburg
Geschäftsführer / Verlagsleitung: Harald Hof
Druck: Books on Demand GmbH, In de Tarpen 42, 22848 Norderstedt

Imprint
Publisher: BABADADA GmbH, Nedderfeld 112 , 22529 Hamburg, Germany
Managing Director / Publishing direction: Harald Hof
Print: Books on Demand GmbH, In de Tarpen 42, 22848 Norderstedt

baba

escola

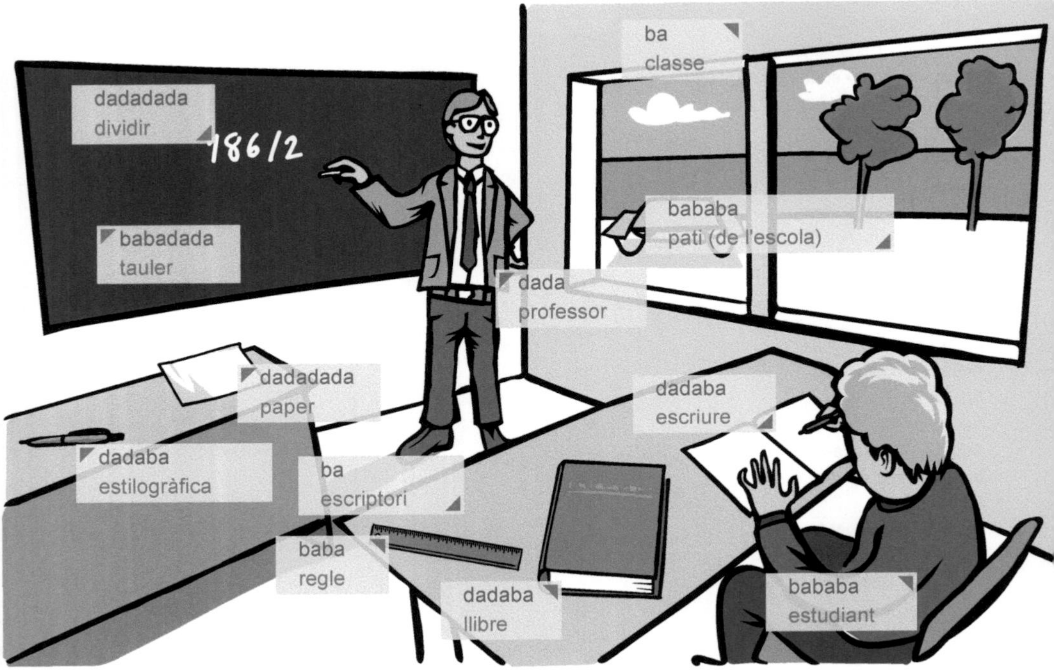
ba
classe
dadadada
dividir
186/2
bababa
pati (de l'escola)
babadada
tauler
dada
professor
dadadada
paper
dadaba
escriure
dadaba
estilogràfica
ba
escriptori
baba
regle
dadaba
llibre
bababa
estudiant

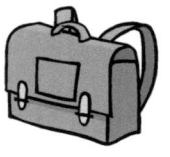

dadaba

bossa

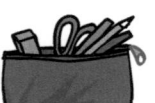

dada

estoig

bababa

llapis

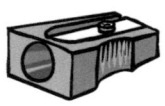

dadaba

maquineta de fer punta

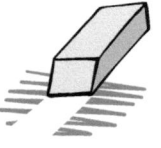

baba

goma

ba

bloc de dibuix

bababa

dibuix

ba

pinzell

dada

capsa de pintures

babadada

tisores

dadaba

cola

dadadada

quadern d'exercicis

babadada

deures

bababa

nombre

dadaba

afegir

bababa

sostreure

badada

multiplicar

dadababa

calcular

babababa

lletra

babababa

alfabet

dada

mot

babadada

text

dadadada

llegir

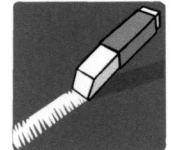

dada

guix

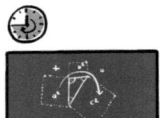

babababa

lliçó

ba

llibre de classe

baba

examen

babababa

certificat

babadada

uniforme escolar

babababa

formació

dadababa

enciclopèdia

babababa

universitat

dadababa

microscopi

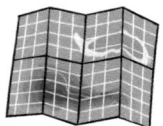

bababa

mapa

babadada

paperera

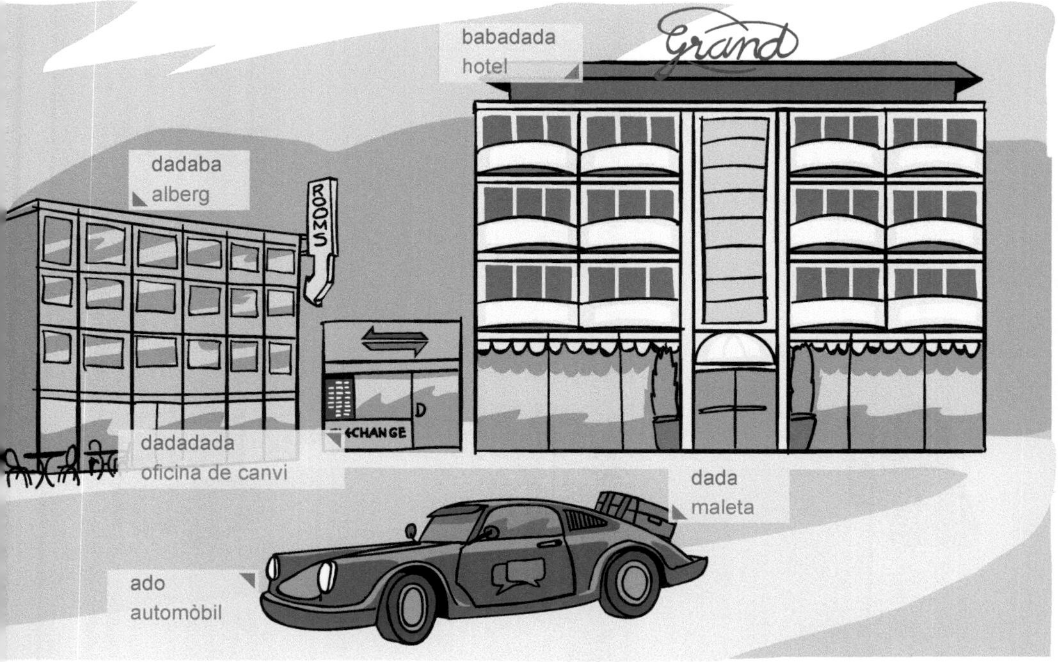

babadada
hotel
Grand
dadaba
alberg
ROOMS
dadadada
oficina de canvi
dada
maleta
ado
automòbil

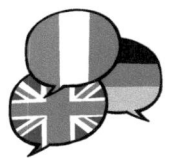

dadadada

llengua

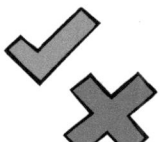

da / meh

sí / no

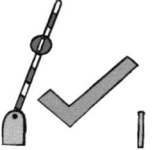

Oh

D'acord

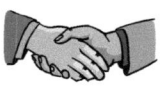

ba

Ey!

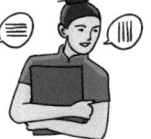

dada

traductora

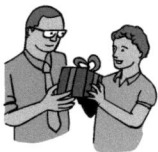

dada

gràcies

babababa

Quant costa… ?

ah

No entenc

dadaba

problema

ba dada

Bona nit!

babadada

bon dia!

heia!

bona nit!

dadaba

fins aviat

badada

direcció

dada

bagatge

babababa

bossa

babababa

sarrona

baba

convidat

dadadada

cambra

dadadada

sac de dormir

dada

tenda

dadadada

oficina de turisme

badada

platja

babadada

carta de crèdit

dadababa

esmorzar

baba

dinar

bababa

sopar

dada

bitllet

dada

ascensor

babadada

segell

badada

frontera

dadaba

duana

babadada

ambaixada

dadaba

visat

dada da da da

passaport

dadadada
transport

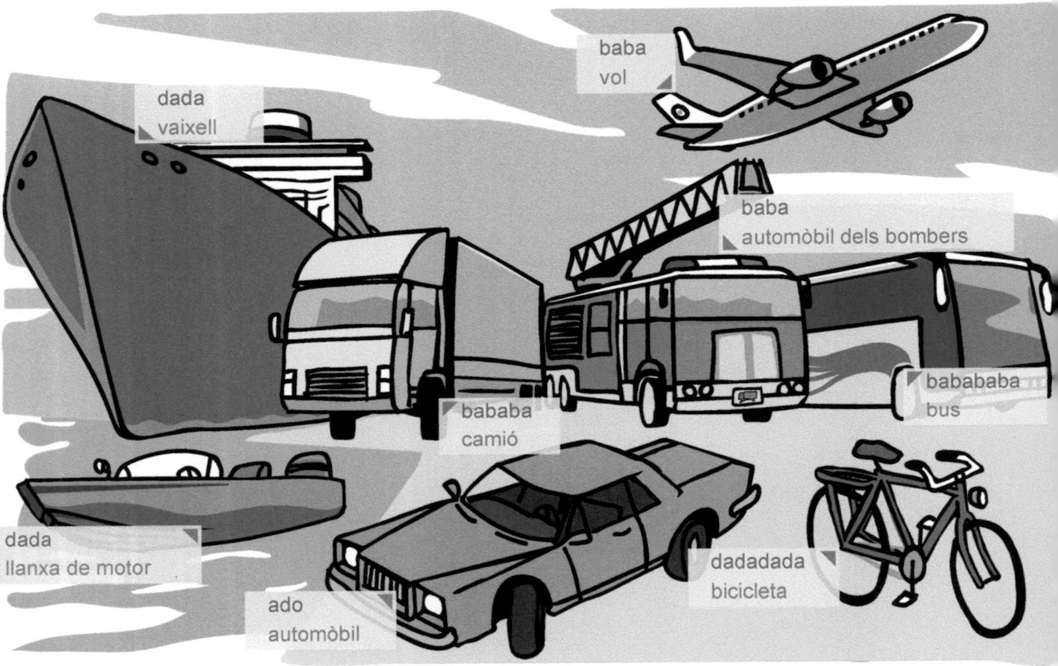
baba
vol
dada
vaixell
baba
automòbil dels bombers
bababa
camió
babababa
bus
dada
llanxa de motor
dadadada
bicicleta
ado
automòbil

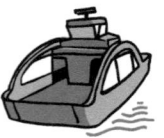

babadada

transbordador

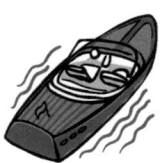

baba

barca

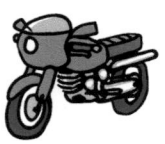

bababa

moto

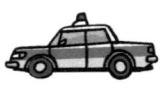

ado

automòbil de policia

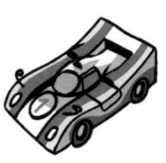

ado

automòbil de curses

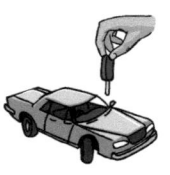

auto

automòbil de lloguer

dada

vehicle compartit

ado

grua

ado

camió de les escombraries

brumbrum!

motor

bababa

benzina

dada

benzineria

dadaba

senyal de trànsit

badada

trànsit

ado ado

embús

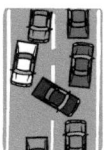

babadada

aparcament

bababa

estació de trens

dada

vies

dadaba

tren

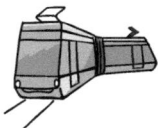

baba

tramvia

dadaba

vagó

baba

helicòpter

baba

aeroport

dadaba

torre

baba

passatger

badada

contenidor

dada

capsa de cartó

baba

carretó

dadadada

cistella

da / bada

enlairar-se / aterrar

dadaba

ciutat

bababa

poble

dadababa

centre de la ciutat

dadaba

casa

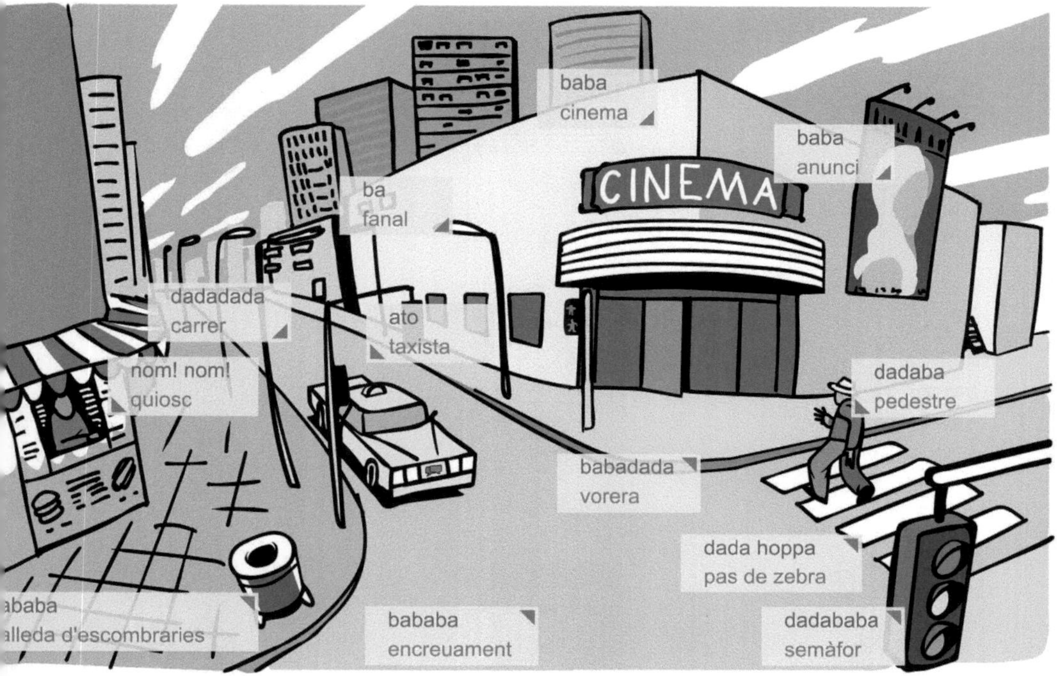
baba
cinema
baba
anunci
CINEMA
ba
fanal
dadadada
carrer
ato
taxista
nom! nom!
quiosc
dadaba
pedestre
babadada
vorera
dada hoppa
pas de zebra
bababa
alleda d'escombraries
bababa
encreuament
dadababa
semàfor

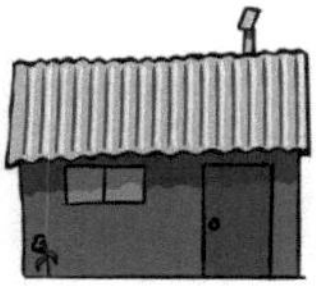

babadada

cabana

dadadada

apartament

babababa

estació de trens

dadaba

casa de la vila-ciutat

MUSEUM

bababa

museu

baba

escola

babababa

universitat

dadadada

banca

aua!

hospital

babadada

hotel

aua!

farmàcia

baba

oficina

bababa

llibreria

ba

botiga

dadaba

floristeria

dada nom nom

supermercat

dadadada

mercat

dadadada

gran magatzem

nom! nom!

peixateria

baba

centre comercial

ba

port

dadadada

parc

baba

banc

babababa

pont

dadadada

escala

bababa

metro

baba

túnel

ba

parada d'autobús

babababa

bar

nom nom!

restaurant

dadaba

bústia de correu

dada

senyal indicador

baba

parquímetre

bababa

zoo

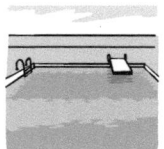

dada

piscina

baba

mesquita

dadaba
granja

dadababa
pol·lució

bababa
cementiri

ba
església

dadababa
parc infantil

bababa
temple

dada

paisatge

baba
fulla

baba
cartell indicador

dada
camí

bababa
prat

baba
pedra

dada
excursionista

dadababa
arbre

bababa
riu

dada
gespa

mama!
flor

badada
vall

bababa
muntanya

dadadada
llac

dadadada
bosc

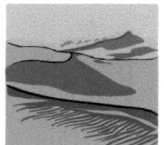

dadababa
desert

dadaba
volcà

babababa
castell

dadaba
arc de Sant Martí

bababa
bolet

dadababa
palmera

aua!
moscard

badada
mosca

dadababa
formiga

summ summ
abella

dada
aranya

dadaba

escarabat

quak

granota

dadababa

esquirol

dadaba

eriçó

baba

llebre

gackgack

òliba

gackgack

ocell

gackgack

cigne

babadada

senglar

dadadada

cervo

dadadada

ant

dadadada

presa

ba

·turbina

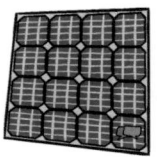

dadadada

panell solar

bababa

clima

dadadada
cambrer

baba
menú

dadaba
cadira

nom! nom!
sopa

nom nom!
pizza

bababababa
tovalla

ba
coberts

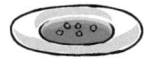

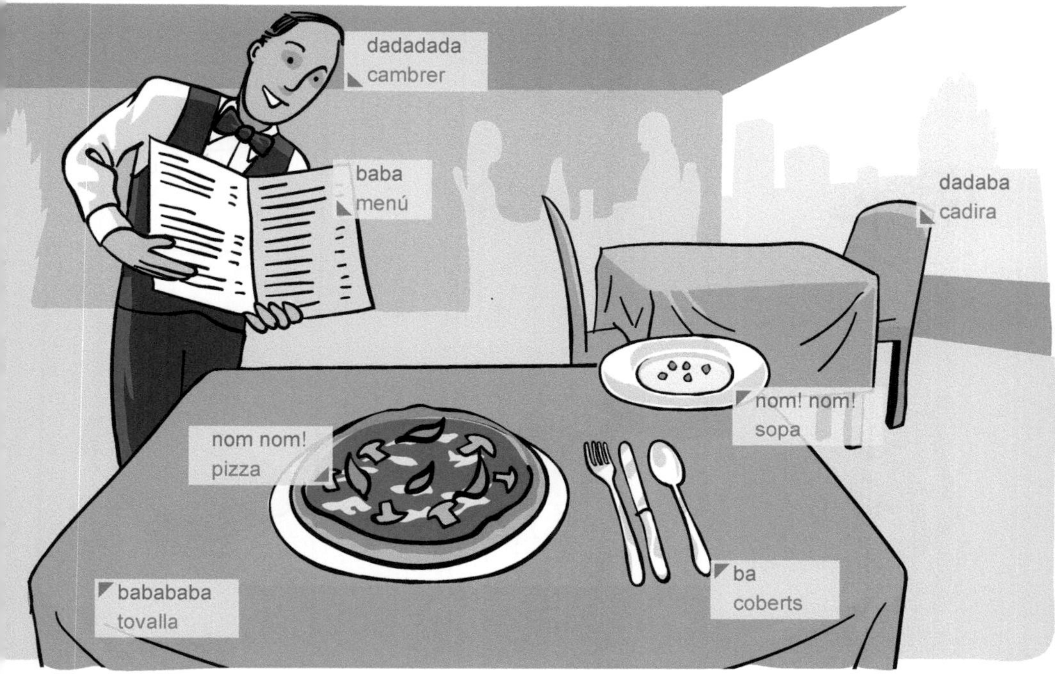

nom! nom!
....
primer plat

nom! nom!
....
plat principal

nom nom!
....
darreries

dadababa
....
begudes

nom nom!
....
menjar

nom nom!
....
ampolla

nom! nom!

menjar ràpid

nom! nom!

menjar de carrer

babababa

tetera

nom! nom!

sucrer

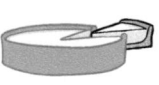

nom nom!

porció

dadaba

màquina d'espresso

bababa

trona

ba

factura

bababa

plata

ba

ganivet

babadada

forqueta

dadaba

cullera

bababa

cullereta

dadaba

tovalló

ba

got

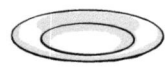

nom nom!

plat

bababa

plat de sopa

bababa

plateret

nom! nom!

salsa

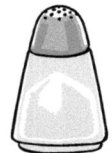

dadadada

saler

dadaba

molinet de pebre

bähbäh

vinagre

dadababa

oli

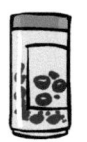

dadababa

espècies

nom! nom!

quètxup

nom! nom!

mostassa

nom nom!

maionesa

dada nom nom
supermercat

dadababa
oferta especial
FOR
dadaba
client
dadaba
productes lactis
nom nom!
fruites
baba
carret de la compra

BUTCHERS

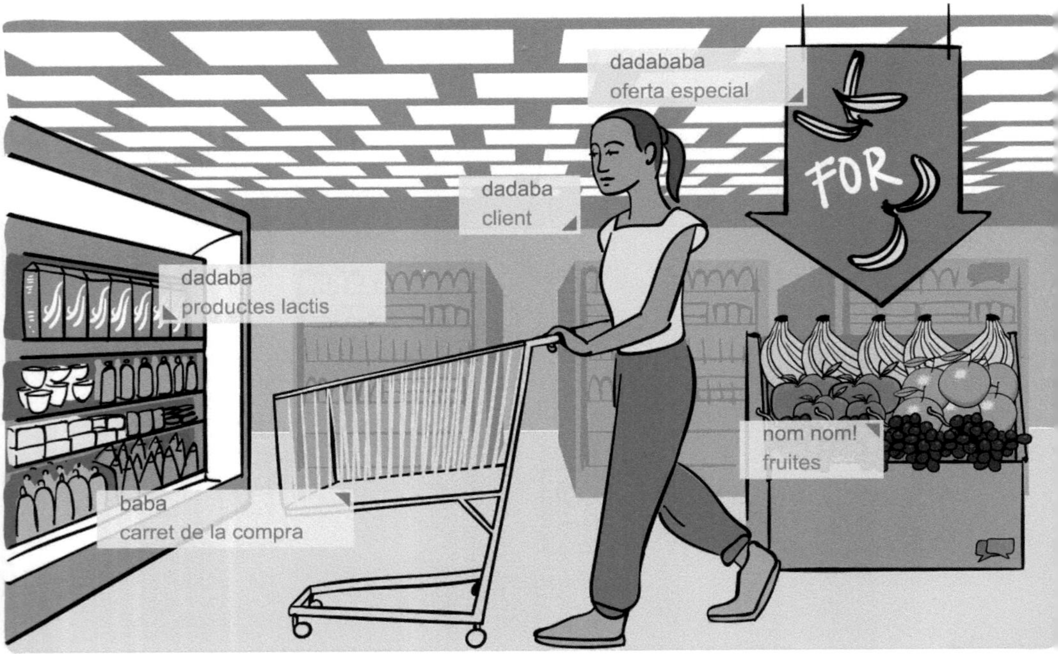

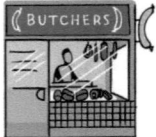

dadaba
carnisseria

BAKERY

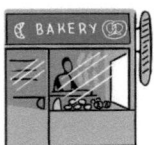

nom! nom!
forn de pa

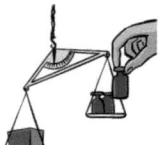

bababa
pesar

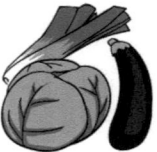

bähbäh
verdures

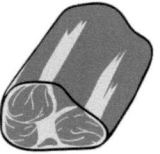

nom nom!
carn

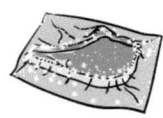

nomnom
menjar congelat

nom nom!

carn freda

nomnom

conserves

bababa

detergent en pols

baba

dolços

dadaba

articles domèstics

dadababa

productes de neteja

bababa

venedora

bababa

caixa registradora

dadaba

caixera

dada

llista de la compra

dadababa

horari d'obertura

baba

portamonedes

babadada

carta de crèdit

dadababa

bossa

dadababa

bossa de plàstic

wasa

aigua

dadadada

suc

badada

llet

ba

coca-cola

bababa

vi

dadadada

cervesa

dadaba

alcohol

bababa

cacau

dadababa

te

dada

cafè

dadaba

espresso

dadababa

cappuccino

nane

banana

nom nom!

poma

bababa

taronja

nom nom!

síndria

nom nom!

llimona

bähbäh

pastanaga

bada meh

all

dadaba

bambú

dadaba

ceba

nom nom!

bolet

nom nom!

avellanes

nom nom!

fideus

nom nom!

espaguetis

nom nom!

arròs

nom nom!

amanida

nom nom!

patates fregides

nom nom!

patates fregides

nom nom!

pizza

nom nom!

hamburguesa

nom nom!

entrepà

nom nom!

escalopa

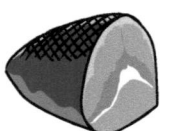

nom nom!

cuixot

nom nom!

salami

nom nom!

salsitxa

gack gack

pollastre

nom nom!

rostit

nom nom!

peix

nom nom!

flocs de civada

bähbäh

musli

nom nom!

cereals

nom nom!

farina

nom nom!

croissant

babadada

panet

nom! nom!

pa

nom nom!

torrada

nom nom!

bescuits

nom nom!

mantega

nom nom!

mató

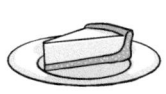

nom nom

pastís

dadaba

ou

nom nom!

ou fregit

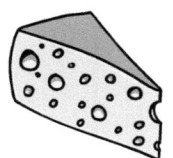

bada muh

formatge

nom nom!

gelat

nom nom!

sucre

baba summ

mel

nom nom!

melmelada

nom nom!

crema de xocolata

babadada

curri

dadaba
granja

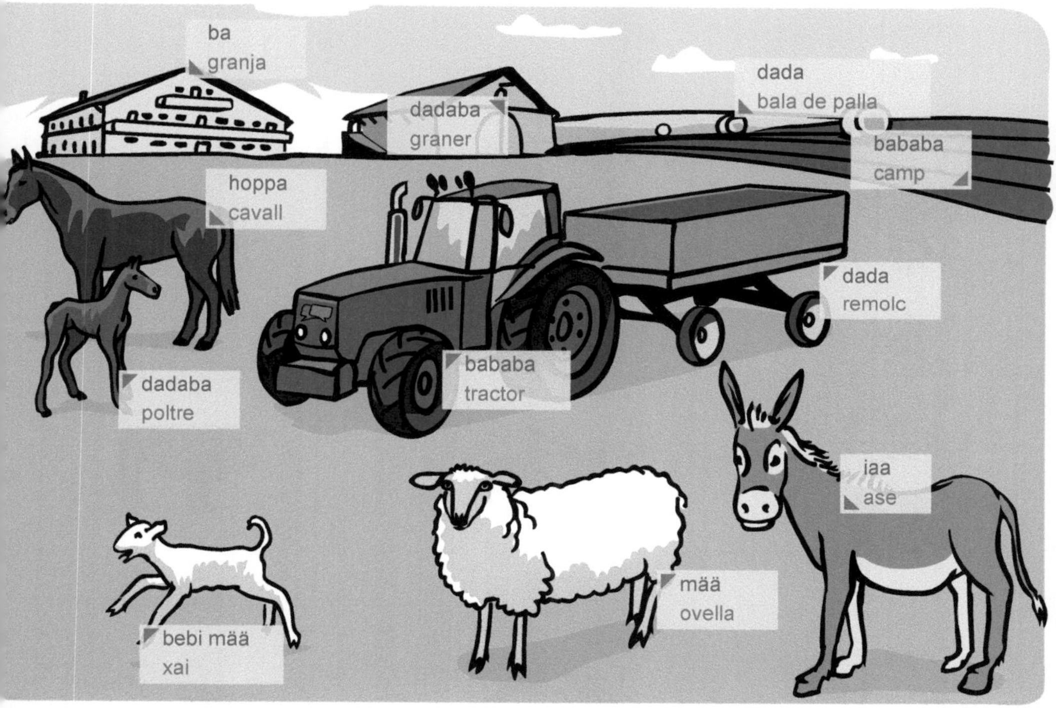
ba
granja
dadaba
graner
dada
bala de palla
bababa
camp
hoppa
cavall
dada
remolc
dadaba
poltre
bababa
tractor
iaa
ase
mää
ovella
bebi mää
xai

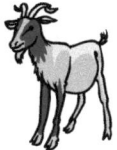

baba

cabra

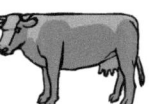

muh

vaca

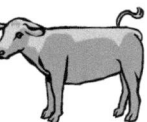

mimuh

vedella

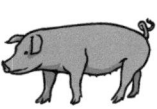

mama oink

porc

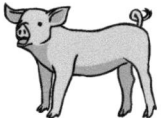

oink

garrí

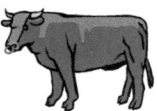

dadadada

bou

gackgack

oca

gackquack

ànec

gacki

poll

gackgack

gall

gacko

gallina

dada

rata

mau

gat

bababa

ratolí

muh

bou

wauwau

gos

wauwau

gossera

baba

mànega de regar

dadababa

regadora

baba

dalla

dadababa

arada

baba
----
falç

dadadada
----
aixada

dada
----
forca

bababa
----
destral

bababababa
----
carretó

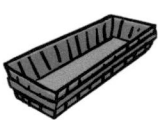

baba
----
abeurador

dada muh
----
lletera

dadababa
----
sac

badada
----
tanca

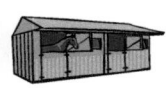

dadadada
----
establa

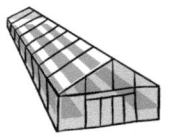

ba
----
hivernacle

babadada
----
sòl

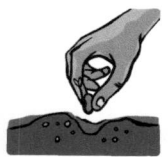

baba
----
llavor

baba
----
adob

dadababa
----
collidora

bababa

collir

dadadada

collita

dadaba

nyam

dadababa

blat

dadababa

soja

bababa

patata

badada

blat de moro o d'indi

bababa

colza

bababa

arbre fruiter

dadadada

mandioca

dadababa

cereals

dadaba
casa

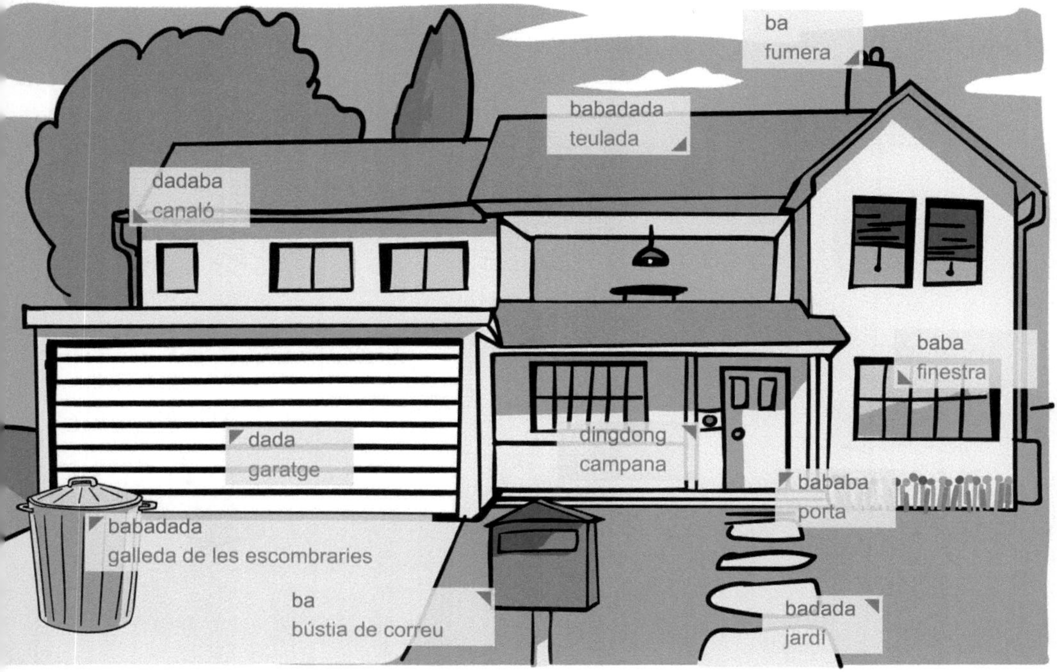

ba
fumera
babadada
teulada
dadaba
canaló
baba
finestra
dada
garatge
dingdong
campana
bababa
porta
babadada
galleda de les escombraries
ba
bústia de correu
badada
jardí

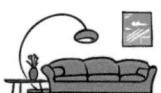

dadadada

sala d'estar

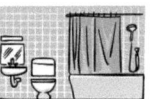

bababa

bany

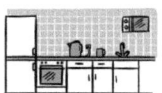

bababa

cuina

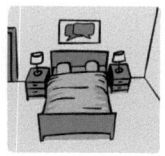

dadababa

cambra de dormir

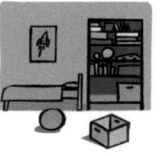

meina

cambra de nen

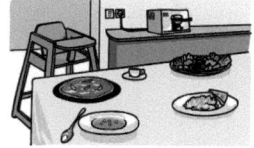

dadaba

menjador

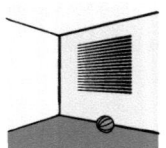

badada

sòl

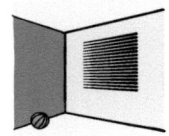

dadababa

paret

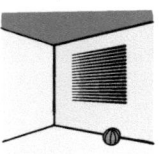

bababa

sostre

dada

soterrani

dadababa

sauna

babababa

balcó

dadadada

terrassa

bababa

piscina

baba

tallagespa

dadaba

vànova

babadada

cobrellit

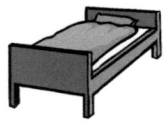

heia!

llit

dada

escombra

dadaba

galleda

dadababa

interruptor

dadadada
sala d'estar

dadadada
paper de paret
badada
quadre
badada
làmpada
dadadada
prestatge
ba
armari
dada gucki
televisor
dadababa
escalfapanxes
mama!
flor
baba
coixí
dada
sofà
dadaba
gerro
baba
telecomanda

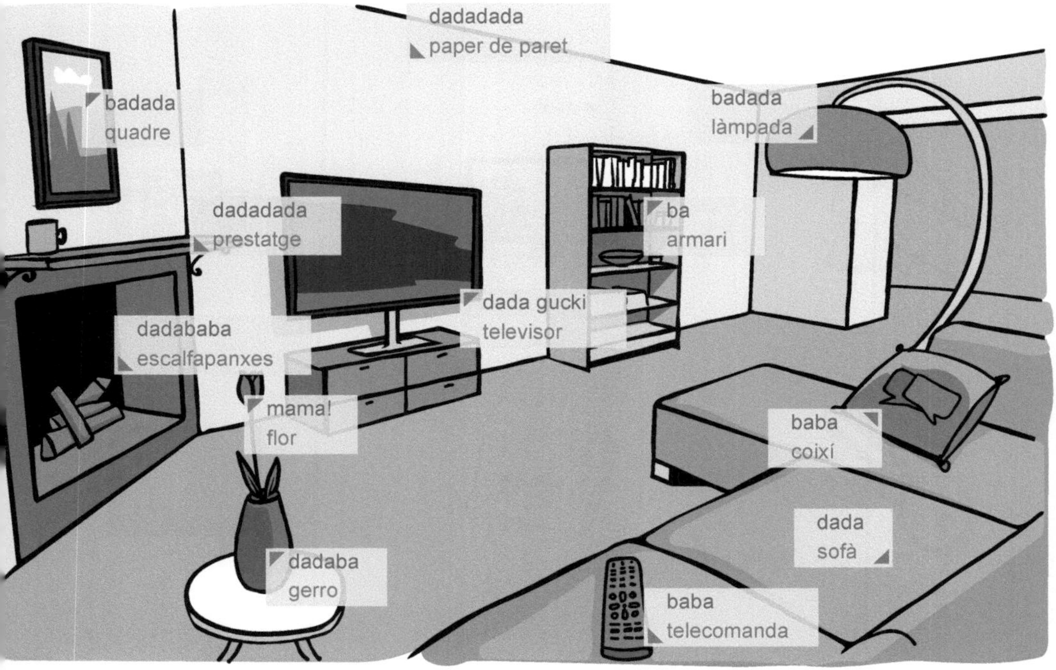

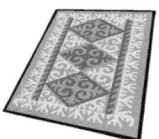

dada

catifa

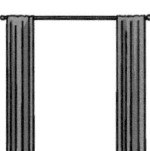

bababa

cortina

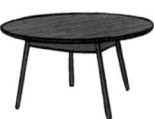

ba

taula

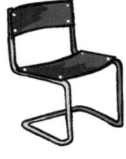

dadaba

cadira

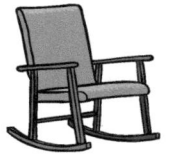

dadadada

cadira gronxadora

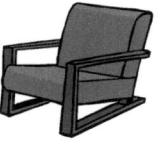

bababa

cadiral

dadaba

llibre

dadadada

llençol

dadaba

decoració

ba

llenya

dadadada

film

lala

cadena de música

babadada

clau

dadadada

diari

dadadada

pintura

bababa

cartell

lala

ràdio

dadababa

bloc de notes

babadada

aspiradora

aua!

cactus

babadada

candela

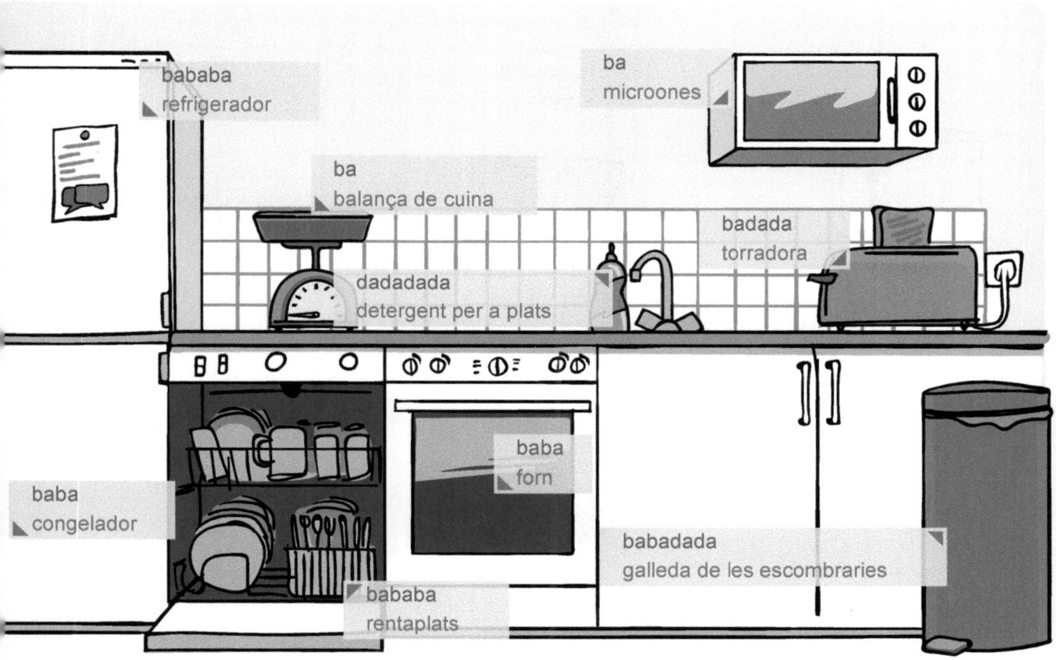

bababa
refrigerador

ba
microones

ba
balança de cuina

badada
torradora

dadadada
detergent per a plats

baba
forn

baba
congelador

babadada
galleda de les escombraries

bababa
rentaplats

dada
....
cuina de fogons

dada
....
olla

dada
....
olla de ferro colat

baba / dada
....
wok / karahi

badada
....
paella

ba
....
bullidor

dadababa

olla de vapor

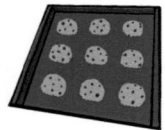

bababa

plata de forn

dadaba

vaixella

dadadada

tassa grossa

dadaba

bol

baba

bastonets xinesos

dadaba

culler

dadadada

espàtula

badada

batedor

dada

colador

bababa

sedàs

baba

ratllador

dadababa

morter

dada

barbacoa

aua!

foc a terra

dadababa

taula de tallar

babababa

corró

dadababa

llevataps

dadadada

pot de conserva

bababa

obridor

dadababa

agafador

dadadada

aigüera

dadababa

raspall

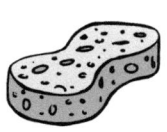

ba

esponja

aua!

batedora

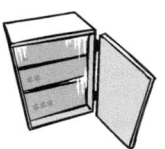

babadada

congelador

bababa

biberó

dadadada

aixeta

bababa
bany

babadada
calefacció
ba
tovallola
bababa
dutxa
babababa
cortina de dutxa
wasa
bany de bombollles
baba
banyera
ba
got
baba
rentadora
dadadada
aixeta
badada
rajoles
kaka
orinal
dadadada
aigüera

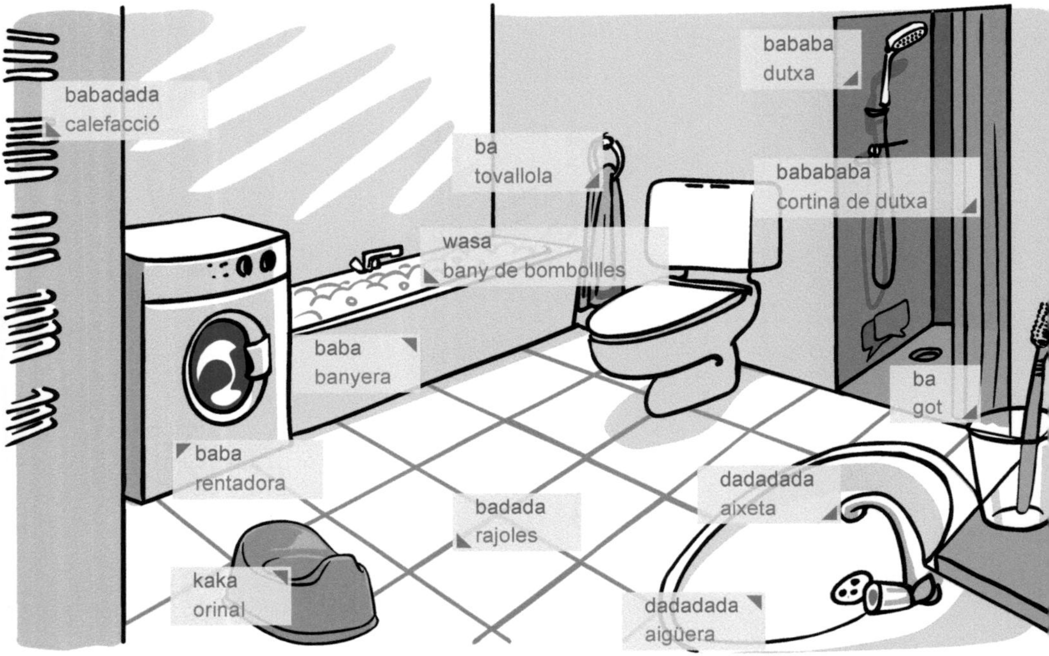

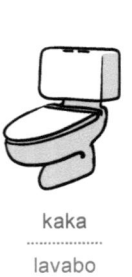

kaka

lavabo

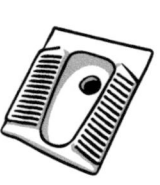

ba

lavabo turc

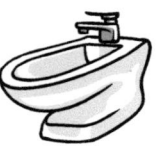

dadababa

bidet

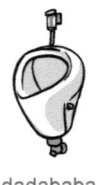

dadababa

orinador

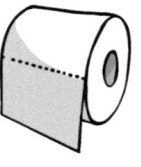

kaka

paper higiènic

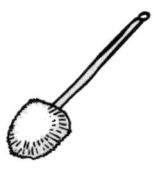

bababa

escombreta de sanitari

bababa
....
raspall de dents

nom! nom!
....
pasta de dents

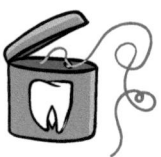

dadadada
....
fil dental

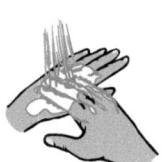

bababa
....
rentar

babababa
....
pom de dutxa

dadadada
....
dutxa íntima

badada
....
rentamans

dadadada
....
raspall per a l'esquena

nom! nom!
....
sabó

nom! nom!
....
gel de dutxa

nom! nom!
....
xampú

babadada
....
manyopla de bany

dadaba
....
bonera

nom! nom!
....
crema

babababa
....
desodorant

dadadada

mirall

dadadada

mirall-espill de mà

ba

maquineta de rasar

nom! nom!

espuma de barbejar

nam! nam!

loció post-rasada

dadababa

pinta

baba

raspall

dadadada

eixugador

badada

laca

dadaba

maquillatge

mama!

pintallavis

ba

esmalt d'ungles

bababa

cotó

dadadada

tallaungles

bababa

perfum

dadadada

estoig de bellesa

bababa

tamboret

dadadada

bàscula

ba

barnús

babababa

guants de goma

ba

compresa higiènica

bababa

compresa

baba

sanitari químic

meina

cambra de nen

bababa
despertador
bababa
animal de peluix
auto
auto de joguina
dadadada
sonall
bababa
casa de nines
babababa
present

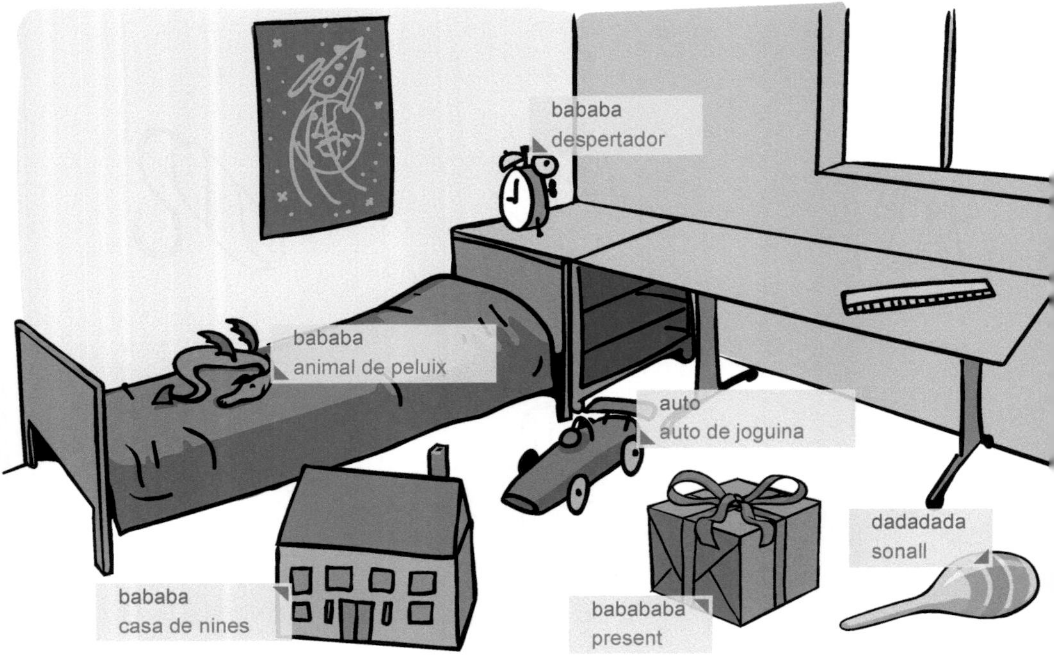

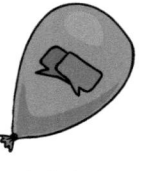

dadadada

baló

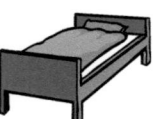

heia!

llit

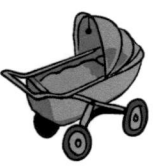

dadaba

cotxet per a nens

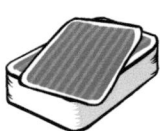

dadababa

joc de cartes

bababa

trencaclosca

SUPER
MEGA

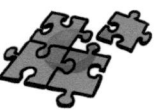

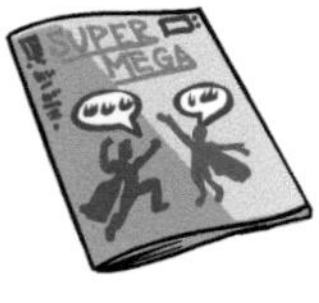

dadababa

historieta

badada

peces de lego

badada

peces de construcció

dada

ninot d'acció

dadadada

granota

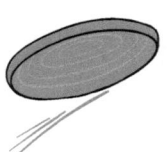

dadaba

frisbee

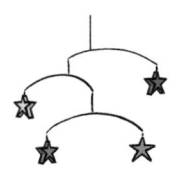

dadaba

mòbil per a bressol

ba

joc de taula

baba

daus

dadababa

tren elèctric

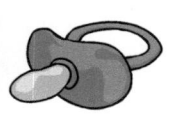

lula

xumet

baba

festa

dadaba

llibre de dibuixos

dada

pilota

dada

nina

badada

jugar

dadaba

sorrera

babababa

gronxador

dadababa

joguines

dadaba

consola de jocs de vídeo

babadada

tricicle

dadababa

osset de peluix

dadaba

armari

baba

roba

dadadada

mitjons

ba

mitges

dada

mitja pantaló

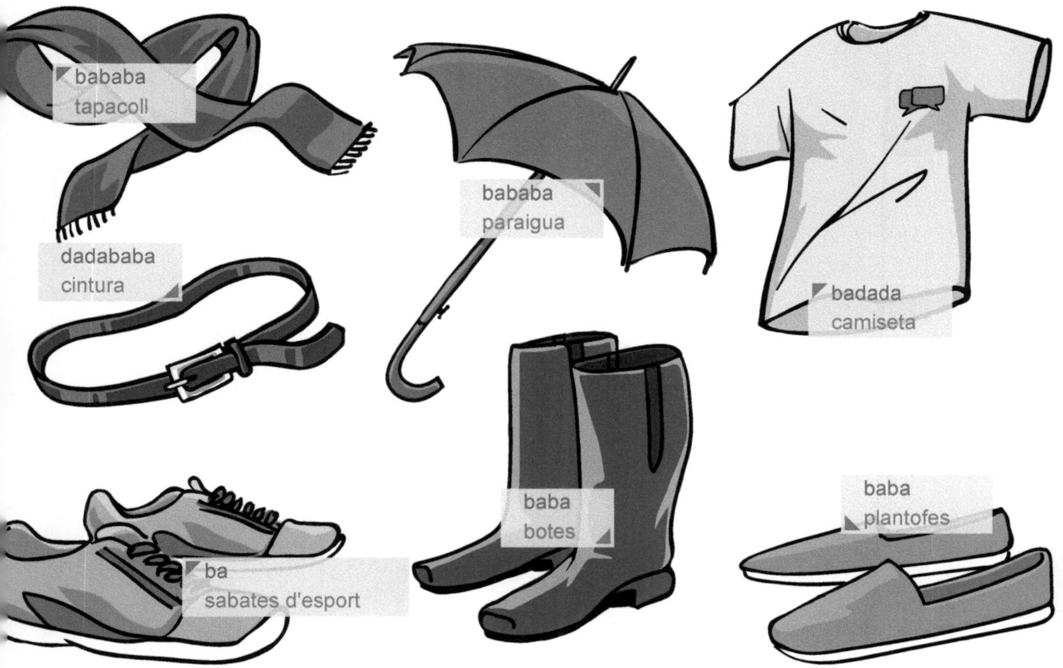

bababa
tapacoll

dadababa
cintura

bababa
paraigua

badada
camiseta

ba
sabates d'esport

baba
botes

baba
plantofes

bababa

sandàlies

badada

sabates

dada

botes de goma

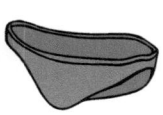

ba

calçonets

baba

sostenidor

dadadada

guardapits

badada
....
jjustacòs

ba
....
pantalons

bababa
....
jeans

dada
....
faldeta

bababa
....
brusa

dadadada
....
camisa

baba
....
jersei

baba
....
dessuadora

babadada
....
blazer

baba
....
jaqueta

bababa
....
mantell

dadababa
....
impermeable

bababa
....
vestit de dona

ba
....
vestit de dona

dadaba
....
vestit de núvia

dadadada

vestit d'home

babababa

camisa de dormir

heia

pijama

baba

sari

dadadada

mocador de cap

dada

turbant

dada

burca

baba

caftan

dadadada

abaia

wasa

vestit de bany

bababa

calçon(et)s de bany

dadababa

pantalons curts

babababa

xandall

baba

davantal

babababa

guants

dadaba

botó

babadada

ulleres

dada

braçalet

dadababa

collaret

bababa

anell

dadababa

orellera

dada

casquet

babadada

penjador

dadababa

capell

bababa

corbata

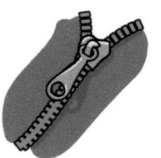

badada

cremallera

dadaba

casc

dada

elàstics

babadada

uniforme escolar

babababa

uniforme

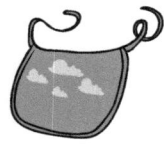

namnam

pitet

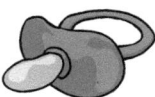

lula

xumet

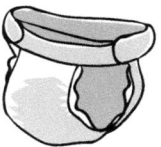

kaka!

bolquer

baba

oficina

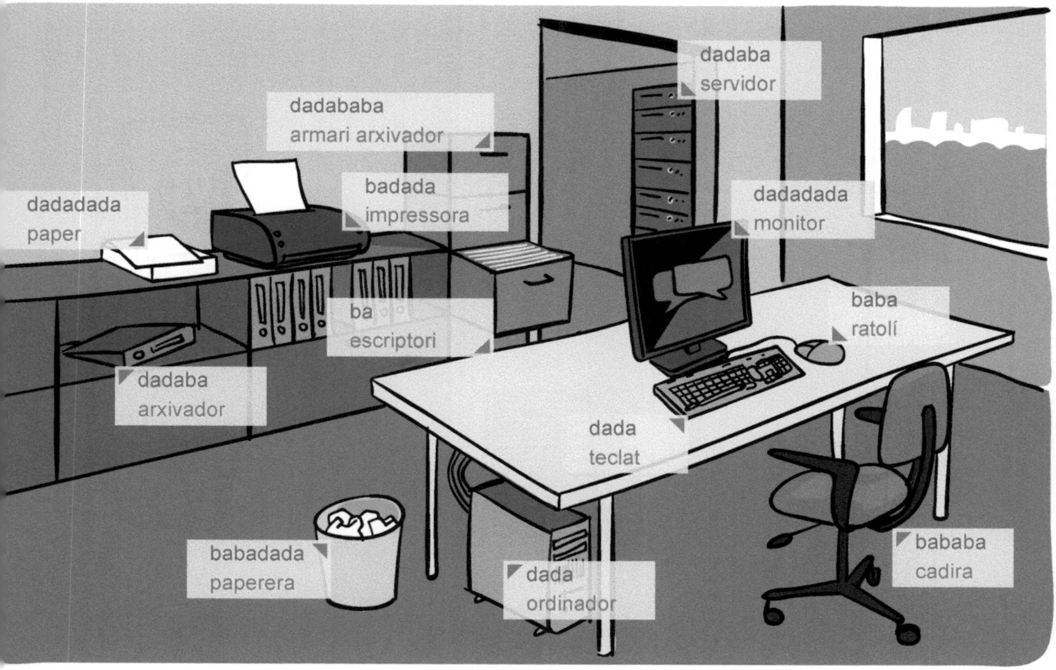
dadaba
servidor
dadababa
armari arxivador
badada
impressora
dadadada
paper
dadadada
monitor
baba
ratolí
ba
escriptori
dadaba
arxivador
dada
teclat
babadada
paperera
dada
ordinador
bababa
cadira

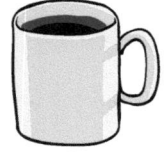

dada

tassa de cafè

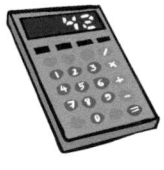

bababa

calculadora

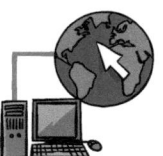

da da

Internet

papa!

ordinador portàtil

dadababa

lletra

ba

missatge

fon

mòbil

bababa

xarxa

ba

fotocopiadora

bababa

programari

dada bing

telèfon

aua!

presa de corrent

bababa

fax

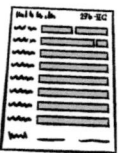

dadaba

formulari

bababa

document

baba

comprar

dadadada

pagar

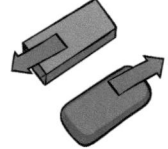

dadaba

comerciar

badada

diners

babadada

dòlar

dadaba

euro

bababa

ien

ba

ruble

dada

franc suís

dada

renminbi

ba

rupia

ba

caixa automàtica

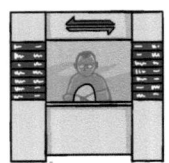

dadadada
oficina de canvi

dadadada
or

baba
argent

dadadada
petroli

ba
energia

dadadada
preu

baba
contracte

bababa
impost

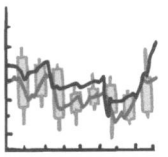

dadadada
acció

dadaba
treballar

dadadada
treballador

dadababa
empresari

dadaba
fàbrica

ba
botiga

ba
oficis

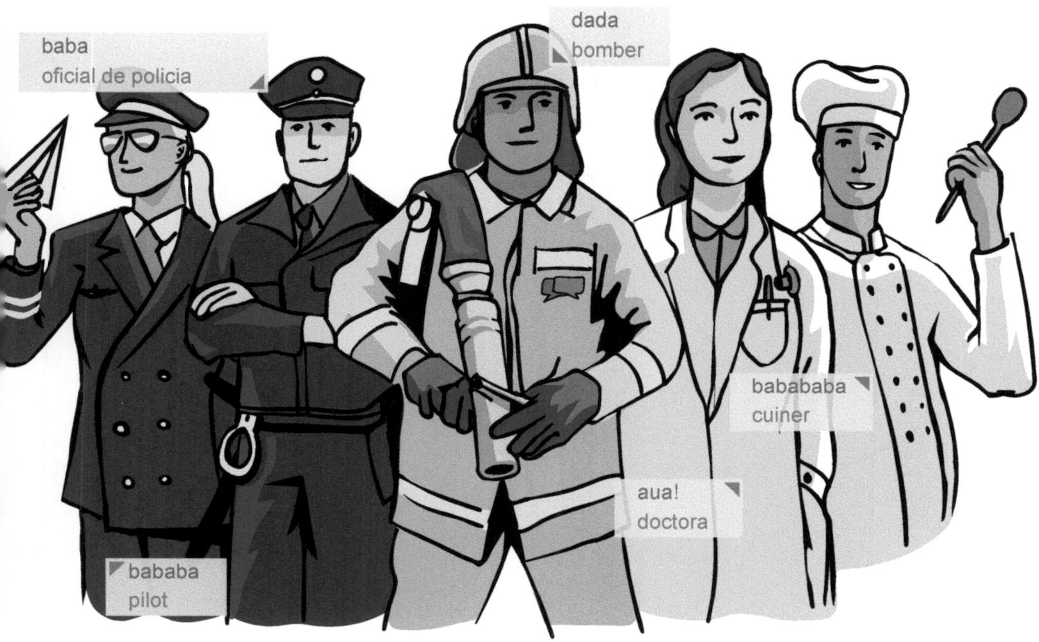
baba
oficial de policia
dada
bomber
babababa
cuiner
aua!
doctora
bababa
pilot

bababa

jardiner

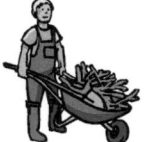

bababa

fuster

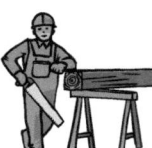

baba

costurera

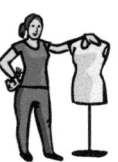

bababa

jutge

dadaba

química

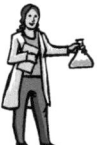

dadababa

actor

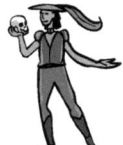

ba

conductor d'autobús

auto mann

taxista

bababa

pescador

dadadada

dona de la neteja

dadadada

ensostrador

dadadada

cambrer

badada

caçador

dadadada

pintor

dadababa

forner

papa!

electricista

babababa

obrer de la construcció

bababa

enginyer

dadababa

carnisser

auto mann

dadadada

llanterner

bababa

correu

dadadada

soldat

ba

arquitecte

dadaba

caixera

bababa

florista

babadada

perruquer

bababa

revisor

dadaba

mecànic

dada

capità

badada

dentista

ba

científic

bababa

rabí

dadaba

imam

dada

monjo

dadadada

capellà

dada
eines

baba
tenalles
baba
martell
babababa
descaragolador
dadaba
llanterna
dadababa
clau anglesa

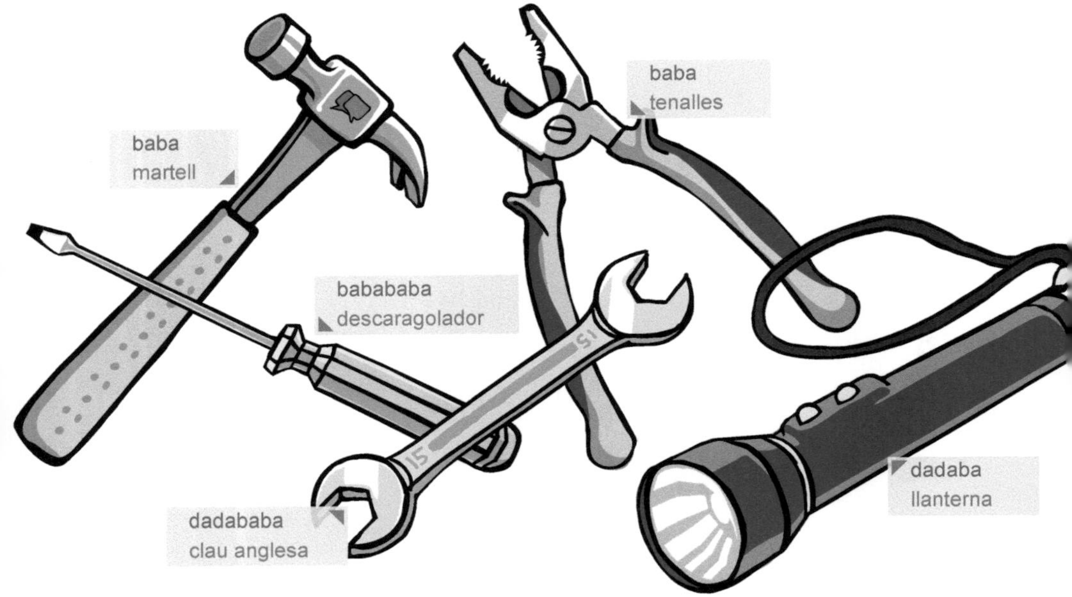

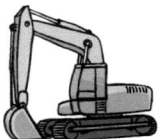

dadaba

excavadora

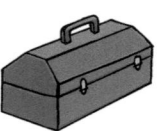

baba

caixa d'eines

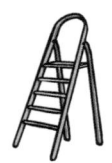

babababa

escala

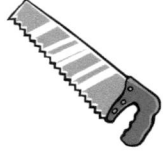

dadaba

serra

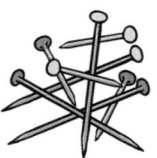

babadada

claus

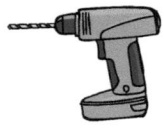

dada

trepant

dadababa
reparar

dada
pala

aua!
Maleït siga!

dada
pala

dadaba
pot de pintura

babababa
caragols

bababa
instrument de música

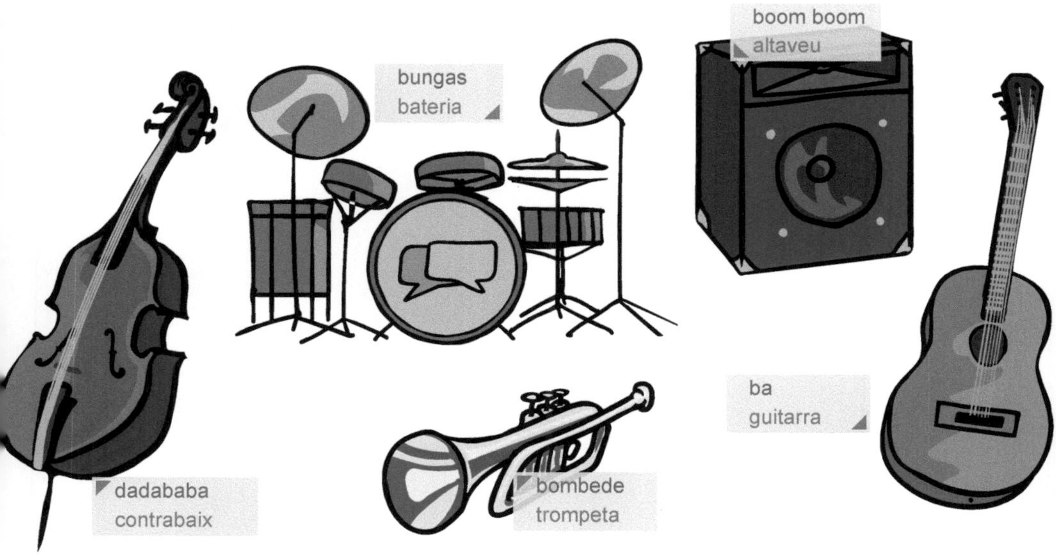

boom boom
altaveu

bungas
bateria

ba
guitarra

dadababa
contrabaix

bombede
trompeta

bingbing

piano

bababa

violí

ba

baix

badada

timbal

bunga bunga

tambor

badada

teclat

dadababa

saxofon

dadababa

flauta

dadadada

micròfon

baba
entrada

dada mau
tigre

bababa
gàbia

dadababa
zebra

babadada
aliment per a animals

dada
ós panda

dadadada

animals

bababa

elefant

dadaba

cangurú

babadada

rinoceront

dada

goril·la

babababa

ós

dadaba

camell

gackgack

estruç

babadada

lleó

dadaba

simi

gackgack

flamenc

bababa

papagai

bababa

ós polar

dada

pingüí

bababa

ca mari

dadaba

paó

badada

serp

babababa

cocodril

dadadada

guardià del zoo

dada

foca

bababa

jaguar

ei!

poni

dadadada

lleopard

dada

hipopòtam

babababa

girafa

bababa

àliga

babadada

senglar

nom nom!

peix

dadadada

tortuga

anje

morsa

dadadada

guineu

bababa

gasela

dadababa
futbol americà

dadaba
ciclisme

bum bum
tenis

ball
bàsquet

badada
natació

aua!
boxa

baba
hoquei sobre gel

dadadada

futbol americà

badada

bàdminton

dadababa

atletisme

ball

handbol

dadadada

esquí

baba

polo

dadadada
activitats

dada
saltar
dadababa
cantar
bababa
abraçar
baba
riure
dada
anar
dadababa
somiar
dadadada
pregar
mama!
fer un petó

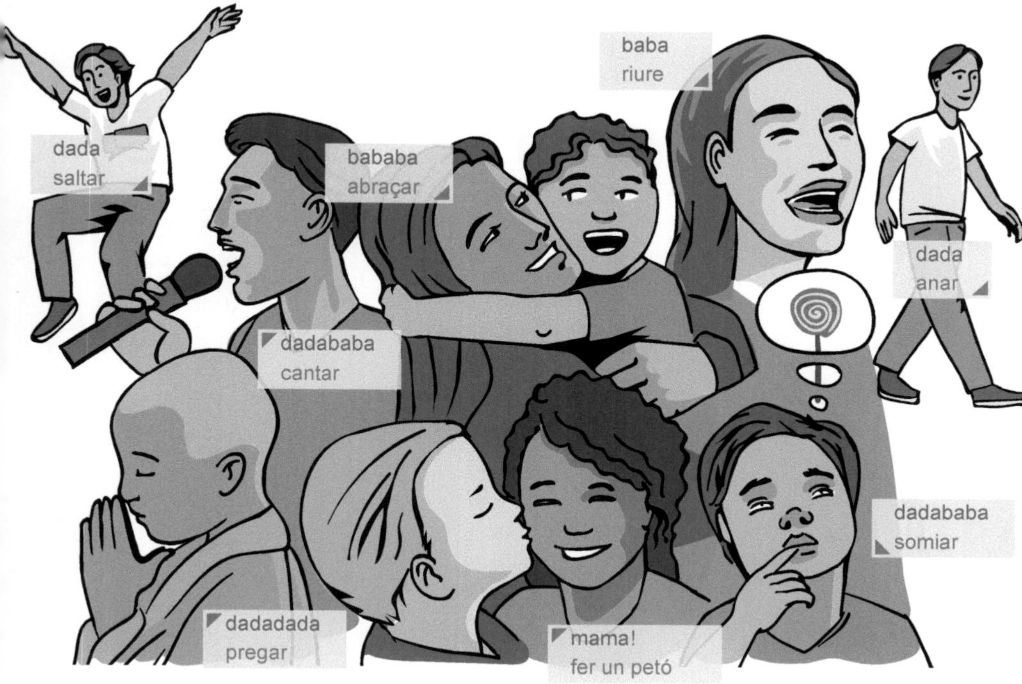

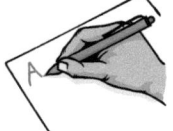

dadaba
escriure

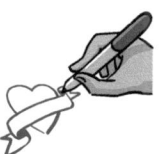

dada
dibuixar

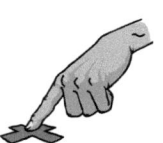

dadababa
mostrar

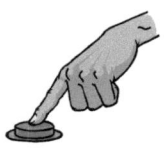

dada
pitjar

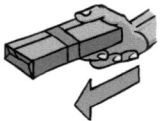

badada
donar

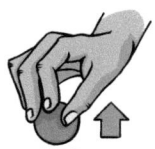

dadaba
prendre

dadaba

tenir

dadadada

fer

babadada

ésser

dadadada

estar dret

baba

córrer

dadababa

estirar

dadadada

llançar

dadaba

caure

badada

jeure

dadaba

esperar

bababa

portar

ba

asseure's

dadababa

vestir-se

heia!

dormir

bababa

despertar-se

babababa

mirar

baaaaaa

plorar

dadadada

amoixar

bababa

pentinar

bababa

parlar

baba

comprendre

badada

demanar

dadababa

escoltar

bababa

beure

nomnom!

menjar

badada

endreçar

ba

estimar

badada

cuinar

dadababa

conduir

dadadada

volar

dadababa

navegar

dadababa

calcular

dadadada

llegir

dadababa

aprendre

dadaba

treballar

baba

casar-se

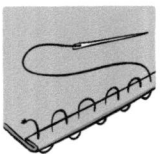

dada

cosir

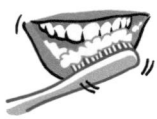

aua!

raspallar-se les dents

aua!

matar

dadababa

fumar

babababa

enviar

oma!
àvia

opa!
avi

papa!
pare

mama!
mare

bebi
nadó

ba
filla

badada
fill

baba

convidat

ba

tia

bababa

oncle

nein!

germà

nein!

germana

dadababa

cos

bababa
front
dada
ull
bababa
espatlla
dada
dit
dada
cara
dadababa
barbeta
baba
mà
da
pit
dadaba
cama
bababa
braç

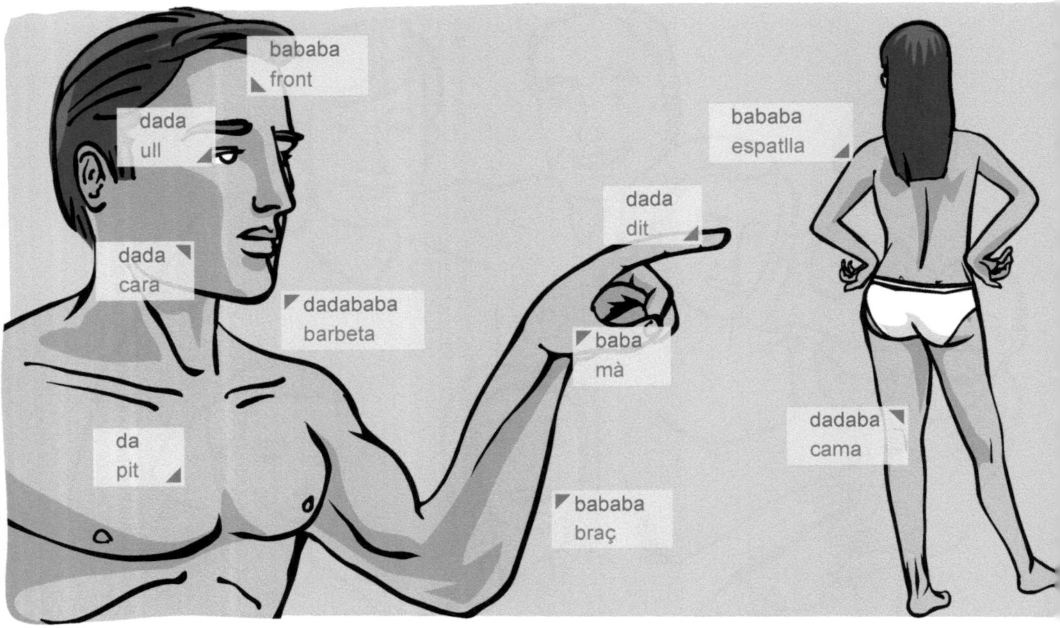

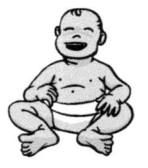

bebi
nadó

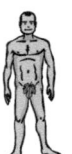

papa!
home

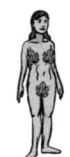

mama
dona

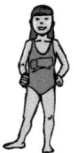

baba
noia

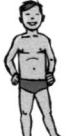

babadada
noi

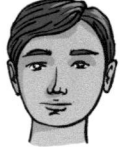

bababa
cap

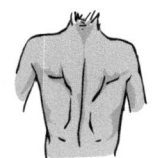

baba

esquena

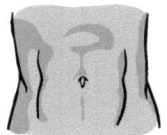

dadababa

panxa

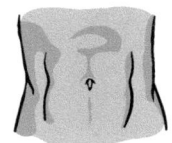

dada

melic

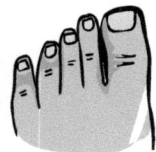

dadababa

dit gros del peu

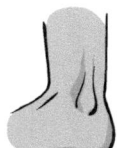

ba

taló

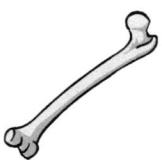

badada

os

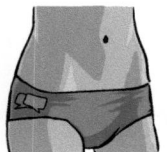

bababa

maluc

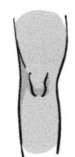

dada

genoll

dadadada

colze

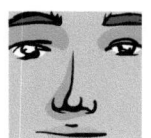

bababa

nas

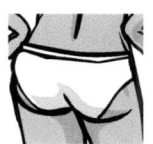

popo

cul

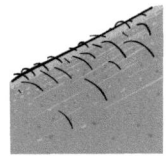

dadaba

pell

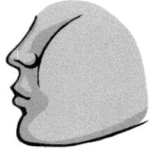

badada

galta

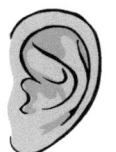

dada

orella

babababa

llavi

dadababa

boca

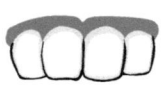

dadadada

dent

baba

llengua

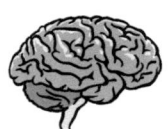

dadadada

cervell

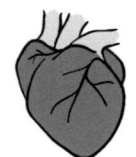

baba

cor

dada

múscul

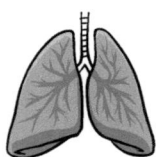

dada

pulmó

dada

fetge

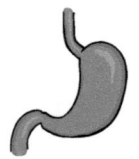

dadababa

estómac

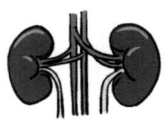

dadaba

ronyó

babadada

relació sexual

dada

preservatiu

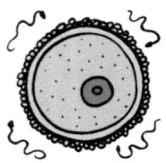

badada

ovari

dadababa

semen

dadababa

prenyat

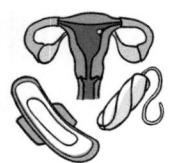

ba
....
menstruació

mumu
....
vagina

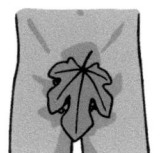

pipi
....
penis

dada
....
cella

dadababa
....
cabells

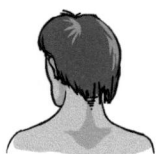

bababa
....
coll

aua!
hospital

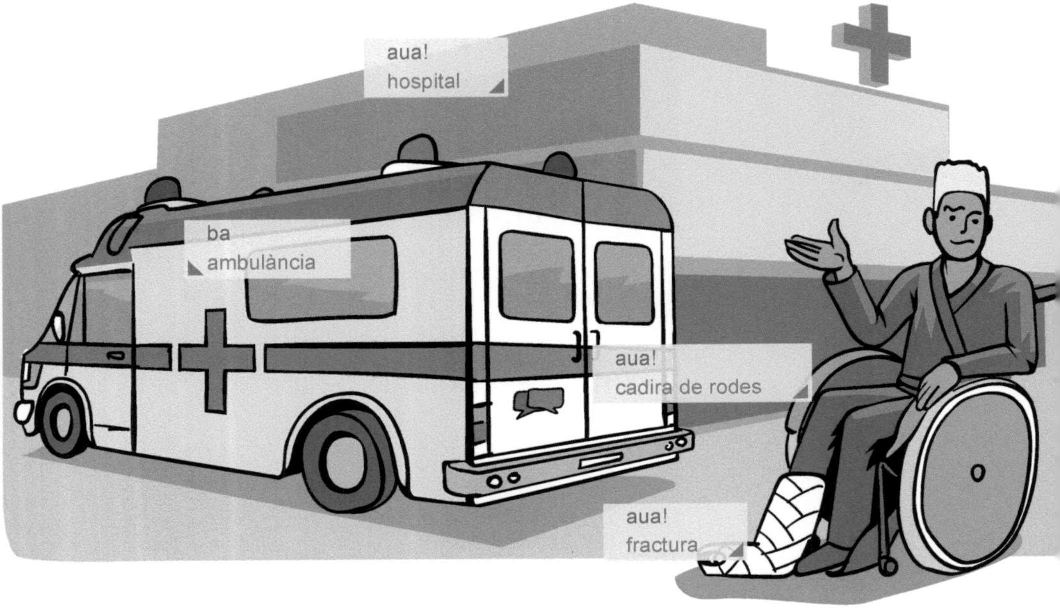

ba
ambulància

aua!
cadira de rodes

aua!
fractura

aua!

doctora

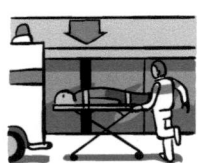

aua!

sala d'urgències

aua!

infermera

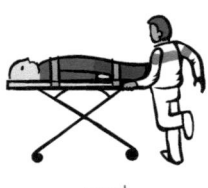

aua!

urgència

aua!

inconscient

dadababa

dolor

aua!

ferida

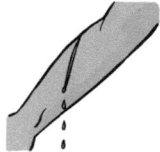

dadadada

sagnament

aua!

atac de cor

aua!

apoplexia

dadababa

al·lèrgia

aua!

tos

aua!

febre

aua!

gripa

aua!

diarrea

aua!

mal de cap

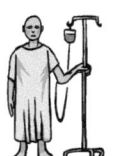

aua!

càncer

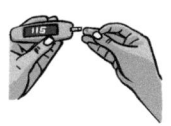

aua!

diabetis

aua!

cirurgià

aua!

escalpel

aua!

operació

aua!

tomografia computada (TC), TAC

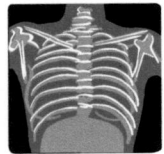

aua!

raigs x

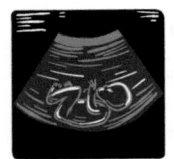

aua!

ultrasò

aua!

mascareta

aua!

malaltia

aua!

sala d'espera

aua!

crossa

aua!

tireta

dadababa

embenat

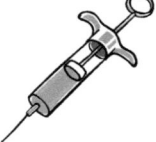

aua!

injecció

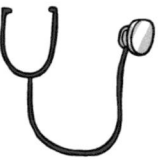

aua!

estetoscopi

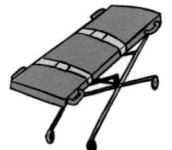

aua!

llitera

aua!

termòmetre clínic

aua! bebi!

pariment

aua!

sobrepès

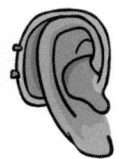

aua!

aparell auditiu

aua!

desinfectant

aua!

infecció

aua!

virus

aua!

VIH / SIDA

aua!

medicina

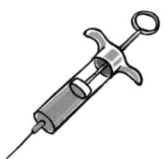

aua!

vaccí

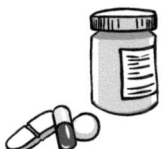

aua!

comprimits

dadaba

píl·lola

aua!

trucada d'urgència

aua!

tensiòmetre

da / ba

malalt / sà

aua!

Socors!

aua!

alarma

aua!

assalt

aua!

atac

aua!

perill

dadadada

sortida-eixida d'urgència

dadaba

Foc!

dadaba

extintor

aua! aua!

accident

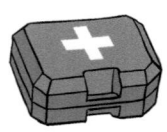

aua!

farmaciola de primers
auxilis

baba

SOS

dadadada

policia

badada

Europa

dadaba

Amèrica del Nord

dadababa

Amèrica del Sud

dadaba

Àfrica

dadaba

Àsia

babababa

Austràlia

badada

Atlàntic

dadaba

Pacífic

baba

Oceà Índic

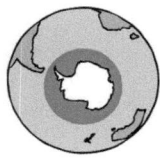

bababa

Oceà Antàrtic

dadababa

Oceà Àrtic

bababa

pol nord

dadababa

pol sud

dadaba

Antàrtida

dada

terra

dadaba

país

badada

mar

dadadada

illa

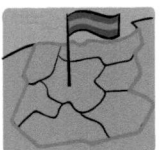

dadadada

nació

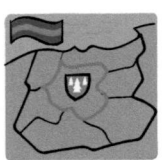

dadababa

estat

baba

quadrant

babadada

agulla de les hores

baba

agulla dels minuts

bababa

agulla dels segons

dadababa

Quina hora és?

babadada

dia

dada

temps

baba

ara

dadababa

rellotge digital

dadababa

minut

bababa

hora

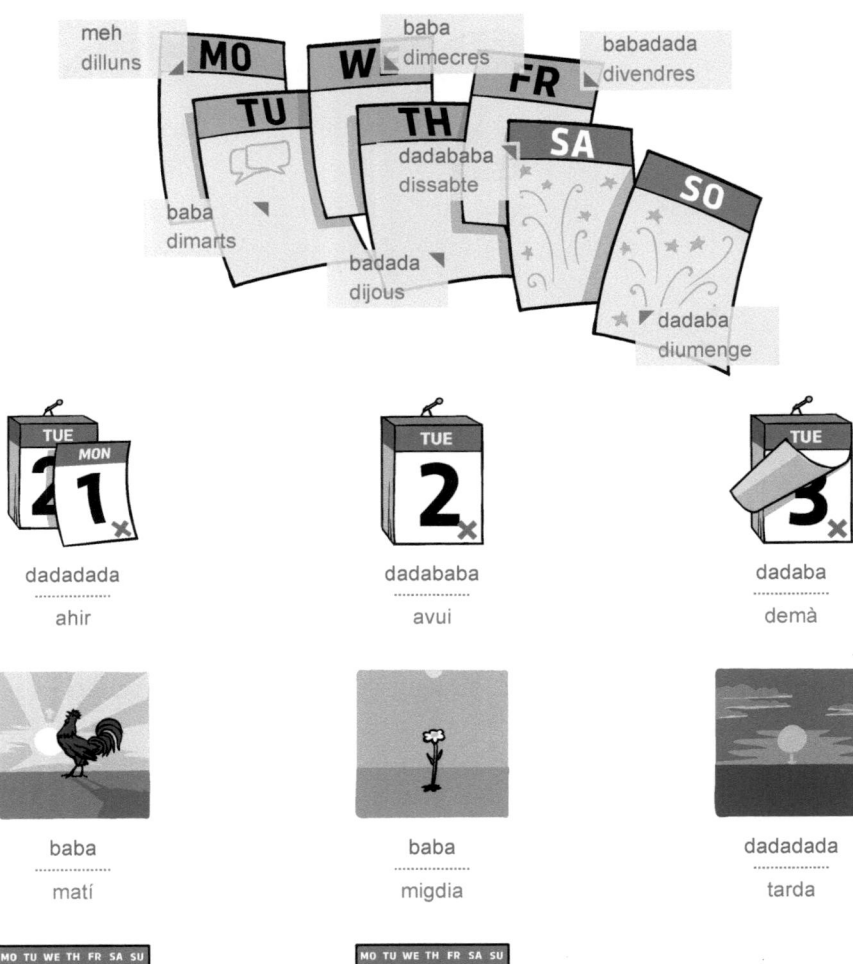

meh
dilluns

baba
dimecres

babadada
divendres

dadababa
dissabte

baba
dimarts

badada
dijous

dadaba
diumenge

dadadada
ahir

dadababa
avui

dadaba
demà

baba
matí

baba
migdia

dadadada
tarda

dada
dia feiner

baba
cap de setmana

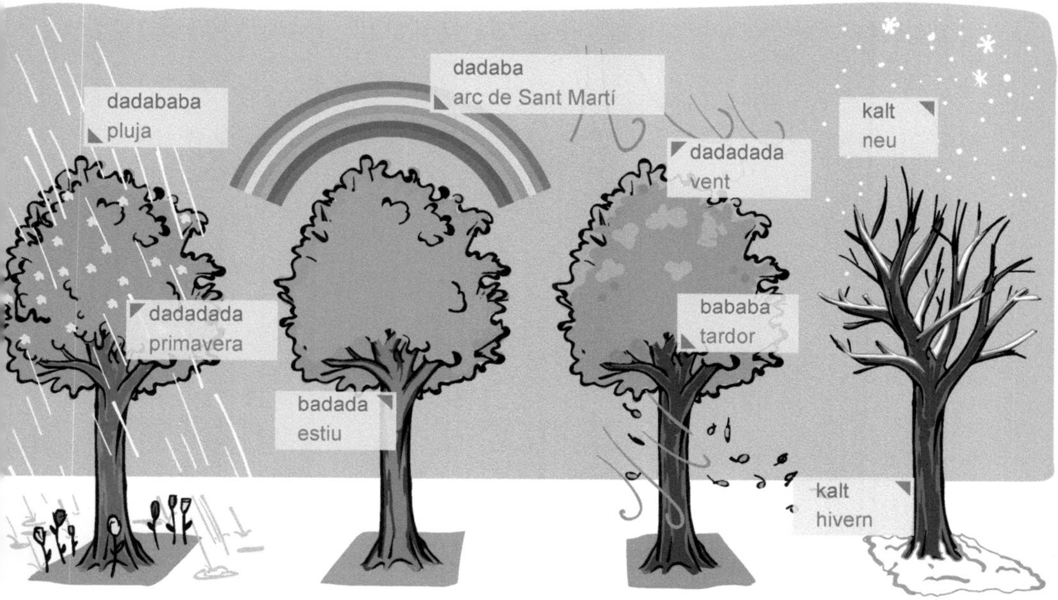

dadababa
pluja

dadaba
arc de Sant Martí

dadadada
vent

kalt
neu

dadadada
primavera

badada
estiu

bababa
tardor

kalt
hivern

dadababa

pronòstic del temps

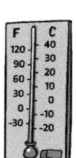

bababa

termòmetre

ba

llum del sol

baba

núvol

dadadada

boira

dada

humiditat de l'aire

dadababa

llamp

dada

tro

badada

tempesta

dadababa

calamarsa

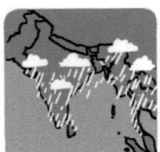

bababa

monsó

dadaba

inundació

dadadada

gel

dadaba

gener

dadaba

febrer

bababa

març

dadadada

abril

dadadada

maig

babababa

juny

baba

juliol

bababa

agost

dadadada

setembre

badada

octubre

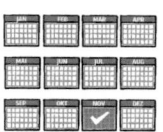

dadababa

novembre

baba

desembre

baba

cercle

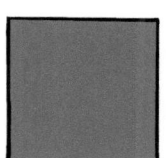

badada

quadrat

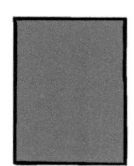

dadababa

rectangle

babababa

triangle

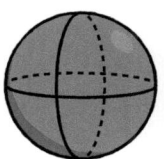

dadadada

esfera

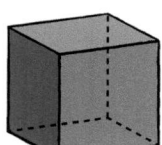

babababa

cub

dadababa

blanc

babababa

groc

baba

taronja

dadadada

rosa

babadada

vermell

dadababa

lila

dadadada

blau

ba

verd

baba

marró

bababa

gris

badada

negre

da / ba

molt / poc

da / ba

emprenyat / tranquil

da / ba

bonic / lleig

da / ba

començament / fi

da / ba

gran / petit

da / ba

clar / fosc

da / ba

germà / germana

da / ba

net / brut

da / bada

complet / incomplet

da / ba

dia / nit

da / ba

mort / viu

da / ba

ample / estret

da / ba

comestible / immenjable

da / ba

dolent / amable

ba / ba

entusiasmat / entediat

da / ba

gros / prim

ba / ba

primer / darrer

da / bada

amic / enemic

da / ba

ple / buit

da / ba

dur / tou

da / ba

pesant / lleuger

da / bada

gana / set

da / ba

malalt / sà

da / ba

il·legal / legal

da / ba

intel·ligent / ximple

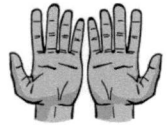

ba / ba

esquerra / dreta

da / ba

prop / llunyà

da / bada

nou / usat

da / ba

res / quelcom

ba / ba

vell / jove

da / ba

encès / apagat

da / ba

obert / tancat

da / ba

silenciós / sorollós

ba / ba

ric / pobre

da / ba

correcte / incorrecte

da / ba

aspre / suau

ba / ba

trist / content

da / ba

curt / llarg

da / ba

lent / ràpid

da / bada

humit / sec - eixut

da / bada

calent / fred

da / ba

guerra / pau

0

dada

zero

1

a

u

2

ba

dos

3

da ba da

tres

4

badabada

quatre

5

dadababa

cinc

6

dadaba

sis

7

badada

set

8

dadababa

vuit

9

dadaba

nou

10

dadadada

deu

11

badada

onze

12

baba

dotze

13

bababa

tretze

14

baba

catorze

15

babadada

quinze

16

dadababa

setze

17

babababa

disset

18

dadababa

divuit

19

bababa

dinou

20

dadababa

vint

100

baba

cent

1.000

baba

mil

1.000.000

dadababa

milió

baba

anglès

babadada

anglès americà

dadababa

xinès mandarí

ba

hindi

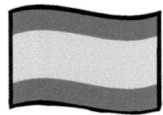

badada

espanyol

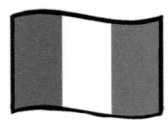

ohlala

francès

babadada

àrab

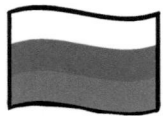

dadaba

rus

dada

portuguès

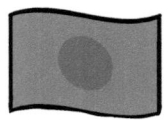

dadadada

bengalí

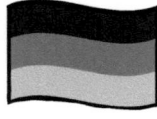

badada

alemany

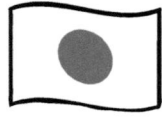

dadadada

japonès

a
jo

dadadada
tu

da / da / da
ell / ella / allò

o ba ma
nosaltres

babababa
vosaltres

baba
ells

dadadada
qui?

dadadada
què?

baba
com?

babababa
on?

babadada
quan?

dadaba
nom

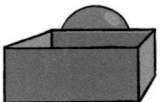

baba

darrere

dadaba

en

baba

davant de

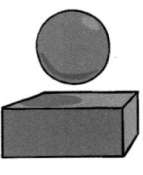

ba

damunt

baba

sobre

dadababa

sota

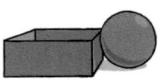

babababa

al costat

ba

entre

dada

lloc